HOE KUN JE DE LUCHT BEZITTEN?

HOE KUN JE DE LUCHT BEZITTEN?
DE REDE VAN SEATTLE

AKTIE STROHALM | UITGEVERIJ JAN VAN ARKEL

ISBN 90 6224 198 0

Voor deze uitgave is gebruik gemaakt van teksten en rechten van – *How can one sell the air?*
© The Book Publishing Company, Summertown, TN 38483, USA
en het ongepubliceerde manuscript
– *Chief Seattle*, door © R. Gert Fabré, Gent
© deze uitgave Aktie Strohalm, Utrecht 1998
in samenwerking met Uitgeverij Jan van Arkel, Utrecht
(Niets aan deze uitgave mag worden overgenomen zonder voorafgaande schriftelijke toestemming van de uitgever.)

Eerste druk 1980, geheel herziene, tiende druk 1998

Illustraties: David Dickhoff & Sonja Uiterwijk
Omslagontwerp: Marjo Starink
Binnenwerk: Karel Oosting
Druk: Haasbeek

Aktie Strohalm, Oudegracht 42, 3511 AR Utrecht

....moed broeders en zusters,
een beetje meer moed!
strek de rug en span de boog:
Zij zijn tot de tanden bewapend,
maar aan jullie is het leven!

een moderne Hopi

Inhoud

9   Achtergrond

16   De rede van Seattle
       opgetekend door dr. Smith

37   Over de herkomst van de teksten

42   Hoe kun je de lucht bezitten?
       in de woorden van Ted Perry

68   De rede van Seattle
       in de woorden van William Arrowsmith

87   Nawoord

Achtergrond

Het is 1854. Gouverneur Isaac I. Stevens komt namens zijn regering verdragen sluiten met de Indianen in het uiterste noordwesten van de huidige Verenigde Staten. Hij komt daarbij ook bij opperhoofd Seattle, wiens naam eigenlijk Seathl of Sealth luidde. Seattle wees het verzoek om land te kopen niet af, maar maakte de gouverneur de Indiaanse zienswijze nog eens duidelijk.

Het volk van Seattle, de Duwamish en de Suquamish, bewoonde de oevers en eilanden van de uitgestrekte zee-arm Puget Sound. Het is een gebied met een zacht klimaat. Halverwege de 19e eeuw was dit indrukwekkende landschap bedekt met ondoordringbare bossen. Het was rijk aan wild. Het water van de Puget Sound zat vol vis. De natuur die de Indianen omringde was overweldigend. De kano-indianen die er woonden waren volkomen op het water gericht en hadden zelfs geen contact met de Indianen van over de bergen. Er was zoveel vis dat voedsel nooit een probleem was. Deze Indiaanse vissers stonden bekend om hun openheid, vredelievendheid jegens vreemdelingen en hun interesse voor al wat nieuw was.

Als we heel kort door de geschiedenis van die tijd gaan, waren de volgende jaartallen van belang. In 1846 sloten Engeland en Amerika een herenakkoord. De 49ste breedtegraad werd de scheidslijn tussen de Verenigde Staten en het toen nog Engelse Canada. Zo kwam Seattle met zijn volk in Amerika te wonen en en daarom kwam Stevens verdragen afsluiten.

Er kwamen in de jaren ervoor al regelmatig schepen langs. Weinig blanken vestigden zich daadwerkelijk. Degenen die dat deden, bleven aan de kust en probeerden daar een bestaan op te bouwen. Deze blanken leefden temidden van een veelvoud van Indianen, waarmee ze dus goede relaties wilden onderhouden.

In 1848 begon de goudkoorts in Californië. Allerhande gelukszoekers bogen bij de kust gekomen ook af naar het noorden, op zoek naar snel gewin. Zij waren minder geïnteresseerd in een goede verhouding met de Indianen. In datzelfde jaar was er in Washington een voor de Indianen gunstige regeling getroffen die blanke toeëigening van grond zonder toestemming van de Indianen feitelijk verbood. In 1850 werd deze alweer herroepen. *Settlers* konden nu wel beslag leggen op Indiaans grondgebied. In 1853 werden de grenzen van de regio (de 'Washington Territory') politiek afgebakend en werd Stevens gouverneur. De provincie (nog geen staat) was ruim vijfmaal zo groot als Nederland en had zo'n 8.000 blanke inwoners.

Gouverneur Stevens moest het nieuwe beleid 'verkopen' en overeenkomsten over eigendomsrecht afsluiten om de vestiging van immigranten en de in de verdere toekomst te verwachten spoorwegaanleg te vergemakkelijken. Stevens, geslepen, brutaal, was een doordouwer. Hij had anti-Indiaanse opvattingen. Hij zag dat dit gebied belangrijk ging worden. Hij ging in hoog tempo de groepen Indianen één voor één af. Steeds sloot hij een verdrag af waarin de Indianen afstand deden van de aanspraken op het gebied in ruil voor de hun toegewezen reservaten. Ze kregen de belofte van een ruime som geld, onderwijs en medische hulp. Bovendien behielden ze hun vis- en jachtrechten in hun oorspronkelijke woongebieden.

Seattle was de zoon van een Suquamish opperhoofd, Schweabe, wiens volk een stuk van de westelijke oever bewoonde van de Puget Sound. De moeder van Seattle was Scholitza, dochter van een Duwamish opperhoofd. De Duwamish bewoonden de oostelijke oever van de zee-arm, een plek in de buurt van de huidige stad Seattle. Omdat in de afstamming de moeder telde, werd Seattle als Duwamish beschouwd, al schijnt hij vooral bij de Suquamish gewoond te hebben.
Als jonge krijger stond hij bekend om zijn kracht, lef en leiderschap. Op jeugdige leeftijd leidde Seattle met succes een militaire expeditie tegen een andere groep indianen. Seattle was geen lieverdje. Hij had (aanvankelijk) ook zeker geen onberispelijk gedrag. Opmerkelijk is dat hij zich in 1838 bekeerde tot het katholicisme, waarop alle Suquamish hem daarin volgden. Naar de precieze betekenis van deze stap voor Seattle kunnen we slechts gissen.

De groepen waarvan Seattle opperhoofd was, waren politiek autonoom. Het waren geen echte stammen want cultureel waren ze met een aantal andere groepen tamelijk homogeen. Zo spraken deze Indianen dezelfde taal. Al deze groepen behoorden tot de Salish. De cultuur en het denken van de Salish, en dus ook van Seattle en de zijnen, staan ver af van onze cultuur en ons denken. Het is onmogelijk daarin door te dringen met het beetje informatie dat we daarover hier kunnen geven. Bedenk ook dat alle Noordamerikaanse Indianen niet over één kam geschoren mogen worden.

De Salish kenden een ingewikkeld kastensysteem waarin ieder zijn eigen plaats had. Heel belangrijk in hun cultuur was de *potlatch*. Dit is een vervorming van het woord *patshatl* uit het Nootka, wat 'geven' betekent. Een potlatch was een groot weggeeffeest waarvoor families, groepen of hele naburige clans uitgenodigd werden. Het diende vooral het prestige, maar de voorbereiding was een groepsprestatie; het diende dus ook de groepssamenhang. In het kastensysteem waren er ook slaven, gevangen vijanden. Zij waren niet nodig om werk te doen, enkel om er over te beschikken. Slaven werden wel gedood ter gelegenheid van een potlatch. De strijd om nieuwe slaven was tussen de verschillende indianengroepen een bron van onophoudelijke conflicten.

Uitsluitend bij de Indianen van de Noord-Westkust vinden we de totempalen. Deze hebben geen religieuze betekenis. Het waren de houten maskers die dat hadden. De Salish waren animisten: zij geloofden dat alles een ziel had. Zij waren voortdurend met de geesten bezig. De sjamaan was de geestelijk leider.

Daarnaast was er de chief (het opperhoofd) die economisch leider was, niet een politiek leider. Seattle moest als economisch leider van zijn mede-Indianen een vrijbrief krijgen om de onderhandelingen met Stevens in te kunnen gaan. Dat Seattle als chief de Duwamish en de Suquamish vertegenwoordigde is dus niet zo vanzelfsprekend als het lijkt.

In het algemeen kenden de indianenvolken van Noord-Amerika een democratische vorm van bestuur. De 'kring van ouden' koos een leider ('opperhoofd') op grond van zijn bekwaamheden en goede gedrag. Een leider moest er altijd rekening mee houden dat zijn volk bestond uit zeer vrije individuen, die hij niet zijn wil kon opleggen. Hij stond in dienst van het volk en niet andersom. Dictatoriale krijgers kregen weinig kans; charismatische en welbespraakte persoonlijkheden, zoals Seattle, des te meer. Hun invloed was vaak groot, maar hun woord was geen wet.

De blanken keken meestal verkeerd aan tegen de indiaanse 'opperhoofden', die ze een positie en een macht toeschreven, die deze niet bezaten. Blanken wilden graag met opperhoofden kunnen onderhandelen en het eerste wat ze vaak deden, was er één 'aanwijzen'. Stevens was daar slim in.

Ook probeerde Stevens waarschijnlijk expres te bewerkstelligen dat er in het Chinookan werd onderhandeld. Het Chinookan, of Chinook jargon, was de handelstaal die gebruikt werd bij interculturele contacten. De woordenschat daarvan was zeer beperkt. Op die manier kon iemand als Seattle natuurlijk niet overbrengen wat hij bedoelde.

Sommige groepen Indianen, zoals de Duwamish, sloten in 1855 wel een verdrag; andere wilden er niets van weten. De groepen die het wel deden voelden zich alras bestolen. Hierdoor groeide de onrust in het gebied. Stevens reageerde met internering en al in 1855 brak de eerste opstand uit. Misschien mede door hun onderlinge vijandschap sloten de Indianen de rijen niet. Seattle koos zelfs partij voor de blanken. De opstandelingen delfden het onderspit. Gevangen opstandelingen werden opgehangen. In 1858 was de laatste weerstand gebroken. In niet veel meer dan tien jaar was een Indiaanse cultuur overweldigd door de blanke cultuur.

De Suquamish en Duwamish Indianen moesten verhuizen naar het reservaat bij Port Madison, een eindweegs naar het noorden aan het water. In 1859 pas werd het verdrag door de senaat in Washington bekrachtigd. Het beloofde geld hebben de Indianen nooit gezien. De strijd en ontberingen deed hun aantallen dramatisch teruglopen. Wel hebben de Indianen door het verdrag nu nog steeds de visrechten. Dit werd in 1979 nog eens door het Supreme Court bekrachtigd.

Seattles rede geldt niet alleen de blanke overheersers van zijn tijd die, voortgejaagd door hebzucht, kwamen om het land in bezit te nemen. Nog dagelijks komen we dezelfde drang naar bezit en aanzien tegen die ten koste gaat van de minder sterken in onze samenleving en het natuurlijk milieu. Daarom zijn Seattles woorden nog steeds een indringende les voor ons – in het nawoord willen we daar nog op in gaan. Het zal duidelijk zijn waarom juist Aktie Strohalm deze tekst al jaren verspreid. Als milieugroep hebben we altijd de nadruk gelegd op de samenhang der dingen: milieuverontreiniging en uitbuiting zijn verschillende vormen van eenzelfde principe, zij beginnen daar waar mensen zich superieur gaan voelen boven andere mensen en de natuur.

Aktie Strohalm

De rede van Seattle

OPGETEKEND DOOR DR. SMITH
ZOALS VERSCHENEN IN DE 'SEATTLE SUNDAY STAR'
OP 29 OKTOBER 1887

Vele eeuwen lang heeft
de hemel boven ons
tranen van deernis gestort
op onze voorouders.
De hemel schijnt ons eeuwig toe,
maar kan zomaar omslaan.
Vandaag is hij helder,
maar de dag van morgen
kan hij bedekt zijn met wolken.

Mijn woorden zijn als sterren.
Ze gaan nooit onder.
Het grote opperhoofd, Washington
kan zo vast vertrouwen
op de woorden van Seattle
als onze blanke broeders
kunnen vertrouwen
op de terugkeer van de jaargetijden.

De zoon van het blanke opperhoofd
zegt dat zijn vader ons woorden
van vriendschap en goede wil stuurt.
Dat is vriendelijk, want we weten
dat hij onze vriendschap niet nodig heeft.
Zijn volk is talrijk, als het gras
dat de uitgestrekte prairies bedekt,
terwijl mijn volk klein van omvang is,
gelijk de bomen die verspreid staan
op een door storm geplaagde vlakte.

Het grote - en naar ik aanneem ook goede -
blanke opperhoofd laat ons weten
dat hij ons land wil kopen,
maar hij is bereid
om ons genoeg over te laten
om comfortabel op te leven.

Dit komt ons grootmoedig voor,
aangezien de rode man
geen rechten meer heeft
die gerespecteerd hoeven te worden.
Het kan ook een wijs aanbod zijn.
We hebben immers
geen geweldig land meer nodig.

Eens bedekte ons volk dit hele land,
zoals de golven van een woelige zee
hun schelpenbodem bedekken.
Maar die tijd is allang verdwenen,
en daarmee de grootheid
van nu bijna vergeten volken.
Maar ik zal het ontijdig verval
van mijn volk niet betreuren,
noch zal ik mijn blanke broeders
verwijten het te hebben versneld,
want ook wijzelf zijn misschien
wel een beetje schuldig.

Wanneer onze jonge mannen
kwaad worden, terecht of niet,
over wat hen is misdaan,
misvormen ze hun gezichten met zwarte verf.
Ook hun harten raken dan verwrongen
en worden zwart, en hun wreedheid
is meedogenloos en kent geen grenzen –
en onze oude mannen zijn niet in staat
ze in toom te houden.

Laten we hopen dat
de vijandelijkheden
tussen de rode man en
zijn blanke broeders
nooit meer terugkeren.
We hebben alles te verliezen
en niets te winnen.
Het is waar,
onze jonge mannen
zien wraak als winst,
zelfs als ze daarbij
het leven laten.
Maar de oude mannen
die achterblijven
in tijden van oorlog,
en oude vrouwen
die zoons te verliezen hebben,
weten wel beter.

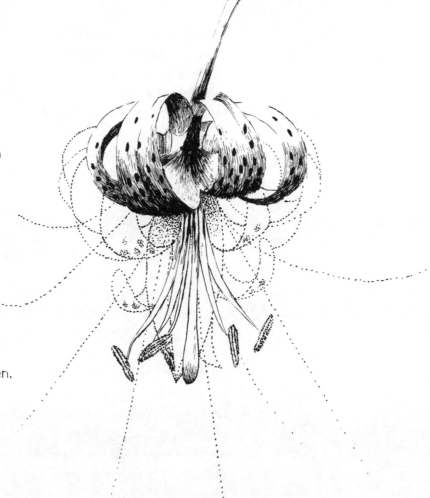

Onze grote vader Washington
- want ik veronderstel dat hij nu onze
zowel als jullie vader is,
aangezien George zijn grens
noordwaarts heeft verplaatst -
onze grote en goede vader, zeg ik,
stuurt ons woorden via zijn zoon,
die ongetwijfeld een groot
opperhoofd onder zijn volk is.
De woorden zeggen
dat hij ons zal beschermen
als we doen wat hij van ons verlangt.
Zijn dappere soldaten
zullen voor ons een
ongenaakbare muur vormen
en zijn grote oorlogsschepen
zullen onze havens vullen.
Dan zullen onze aloude vijanden
ver in het noorden,
de Tsimshian's en de Haida's,
niet langer onze vrouwen
en oude mannen schrik aanjagen.
Dan zal hij onze vader zijn,
en wij zijn kinderen.

Maar kan dit ooit werkelijkheid worden?
Jullie God heeft jullie volk lief
en haat het mijne.
Hij slaat liefdevol
zijn sterke arm om de blanke man
en neemt hem bij de hand,
zoals een vader zijn zoontje leidt.
Maar zijn rode kinderen
heeft hij verloochend.
Hij doet jullie volk
met de dag sterker worden.
Binnenkort zullen zij
het land vullen,
terwijl mijn volk wegstroomt
als een snel ebbend tij
dat nooit weer terug zal vloeien.

Nee, het kan niet zijn
dat de God van de blanke man
van zijn rode kinderen houdt,
anders zou hij ze wel beschermen.
Ze zijn als weeskinderen,
er is niemand die ze helpt.

Hoe kunnen we broeders worden?
Hoe kan jullie vader onze vader worden,
ons doen bloeien,
en dromen van een grootse terugkeer
in ons wakker maken?

Jullie God lijkt bevooroordeeld te zijn.
Hij kwam naar de blanke man.
Wij hebben hem nooit gezien,
wij hebben zelfs nooit
ook maar zijn stem gehoord.

Hij gaf de blanke man wetten,
maar had geen woorden
voor zijn rode kinderen,
wier wemelende miljoenen
dit weidse land vulden
als de sterren de hemel.

Nee, wij zijn twee afzonderlijke rassen,
en moeten dat altijd blijven.
Wij hebben weinig gemeen.

De as van onze voorouders is heilig,
en hun laatste rustplaats is heilige grond,
terwijl jullie schijnbaar
in onverschilligheid wegtrekken
van de begraafplaatsen van jullie voorvaderen.

Jullie geloof werd geschreven op stenen tafels
door de ijzeren vinger van een boze God,
mochten jullie het anders vergeten.
De rode man heeft dat nooit
kunnen onthouden of begrijpen.

Ons geloof bestaat uit
de gewoonten van onze voorouders,
de dromen van onze oude mannen,
hen door de Grote Geest gezonden,
en de visioenen van onze sachems.
Het staat geschreven in de harten van ons volk.

Jullie doden houden op jullie lief te hebben
en het thuis van hun geboorte,
zodra ze door de poorten van het graf gaan.
Ze zwerven weg tussen de sterren,
worden spoedig vergeten en keren nimmer weer.

Onze doden zullen nooit
de prachtige aarde vergeten
die hen leven gaf.
Ze hebben nog altijd haar slingerende rivieren,
grootse bergen en
verscholen valleien lief.
Ze zullen altijd liefdevol naar de levenden verlangen,
die eenzaam zijn,
en keren vaak terug
om hen te bezoeken en te troosten.

Dag en nacht kunnen niet samen leven.
De rode man heeft altijd
de komst van de blanke man ontvlucht,
zoals de vloeiende nevels op de bergrug
vluchten voor de brandende ochtendzon.

Maar jullie aanbod lijkt me eerlijk,
en ik denk dat mijn volk het zal aannemen
en zich zal terugtrekken in de reservaten
die jullie hen aanbieden.
We zullen gescheiden leven,
en in vrede.
Want de woorden
van het Grote Blanke Opperhoofd
lijken de stem van de natuur te zijn
die vanuit de diepe duisternis
tot mijn volk spreekt.
Een duisternis
die zich snel om hen heensluit,
als de dichte nachtmist
die vanaf de zee om middernacht
landinwaarts drijft.

Het maakt nauwelijks wat uit
waar we de rest van onze dagen doorbrengen.
Het zullen er niet veel zijn.

De nacht van de Indiaan
belooft donker te zijn.
Geen heldere ster
hangt boven de horizon.
Treurige winden
kreunen in de verte.
De godin der wraak
achtervolgt de rode man.
Waar hij ook gaat,
hij zal de zekere
voetstappen van de
meedogenloze vernietiger
horen naderen,
en zich voorbereiden
op zijn ondergang,
zoals de gewonde hinde
wanneer ze
de naderende voetstappen
van de jager hoort.

Nog een paar manen,
nog een paar winters,
en niemand van de machtige heerscharen
die eens dit ruime land vulden
of van hen die nu in losse groepjes
door deze uitgestrekte leegten trekken,
zal overgebleven zijn om te huilen
op de graven van een volk
dat eens zo machtig
en hoopvol was als dat van jullie.

Maar waarom zouden we zeuren?
Waarom zou ik de ondergang
van mijn volk betreuren?
Volkeren bestaan uit individuen,
niets meer.

Mensen komen en gaan,
als de golven van de zee.
Een traan, een kort gebed,
een dodenzang,
en ze zijn voor altijd verdwenen
uit onze verlangende ogen.
Zelfs de blanke man,
wiens God met hem liep
en praatte als van vriend tot vriend,
wordt niet ontheven
van het gemeenschappelijke lot.

Misschien zijn we
uiteindelijk toch broeders.
We zullen zien.

We zullen nadenken over jullie aanbod
en wanneer we besluiten,
zullen we het laten weten.
Mochten we het aannemen,
dan stel ik hier en nu deze eerste voorwaarde:
dat ons nooit een strobreed
in de weg wordt gelegd
om de graven van onze voorouders
en vrienden te bezoeken.
Elk deel van dit land
is heilig voor mijn volk.
Elke helling, elke vallei,
elke weide en elk bosje
is geheiligd door een blijde herinnering
of een droevige ervaring van mijn volk.

Zelfs de stenen
die in al hun plechtstatige pracht
stom blakerend
langs de stille kustlijn liggen,
zinderen van herinneringen
aan het lot van mijn volk.

Ja, het stof op jullie pad
antwoordt liefdevoller
op onze voetstappen
dan op die van jullie,
omdat het de as is van onze voorouders,
en onze blote voeten zijn zich bewust van
de genegen aanraking
want de aarde is rijk
aan de levens van onze families.

De onverschrokken strijders,
tedere moeders,
vrolijke maagden
en de kleine kinderen
die eens hier leefden
en gelukkig waren,
en wier namen nu vergeten zijn,
houden nog steeds
van deze eenzame plekken.
En bij avond zijn hun kernen
duisterzwanger van de
aanwezigheid der geesten.

Als de laatste rode man
van de aardbodem zal zijn weggevaagd,
en zijn nagedachtenis
onder de blanken nog slechts een mythe is,
zullen deze kusten nog wemelen
van de onzichtbare doden van mijn stam.
En mochten jullie kindskinderen
zich alleen wanen in het veld,
het pakhuis, de winkel en op de weg,
of in de stilte van het woud
- ze zijn niet alleen.
Er is geen plek op aarde
bedoeld om alleen te zijn.
Bij nacht, wanneer de straten
in jullie steden en dorpen stil zullen zijn,
en je ze verlaten waant,
zullen ze bevolkt zijn
met de terugkerende gastheren van hen
die daar eens leefden,
en die nog steeds veel van dit prachtige land houden.
De blanke man zal nooit alleen zijn.

Laat hen rechtvaardig zijn
en mijn volk vriendelijk behandelen
want doden zijn niet helemaal machteloos.

Over de herkomst van de teksten

De laatste tijd is er veel te doen geweest over de rede van opperhoofd Seattle, of liever Seathl zoals hij eigenlijk heette. De kwestie spitste zich toe op de authenticiteit van de versie die het meest populair is. Alhoewel we nooit met zekerheid zullen weten wat Seattle precies zei, geloven we dat hij waarschijnlijk zo welsprekend was als de opeenvolgende versies van zijn rede hem voorstellen. Toen Seattle zijn rede hield moet hij achter in de zestig zijn geweest.

Het onderzoek naar de oorsprong en de ontwikkeling van de rede en de geschriften die erop geïnspireerd zijn, heeft het volgende opgeleverd. Opperhoofd Seattle moet zijn nu beroemde rede hebben gehouden voor Isaac I. Stevens, de nieuwe gouverneur en zaakgelastigde voor Indiaanse zaken voor de gebiedsdelen van de huidige staat Washington. De meeste historici menen dat de rede werd gehouden in december 1854, toen Stevens op een voorbereidende rondreis was langs de verschillende stammen die hij wilde verhuizen naar de reservaten.

Een van de mensen die bij de ontmoeting aanwezig was, was dr. Henry Smith. Deze maakte uitgebreide notities van opperhoofd Seattles rede. Dr. Smith woonde al twee jaar in de buurt en had naar verluid zich Seattles moedertaal, het Lushotseed, eigen gemaakt. Alhoewel het opperhoofd misschien wat Engels machtig zal zijn geweest, hield hij zijn rede hoogstwaarschijnlijk in het Lushotseed. Vanuit het Lushotseed werd deze waarschijnlijk vertaald in de handelstaal, het Chinook jargon, dat slechts een zeer beperkte woordenschat had. Daarop werd de rede eventueel vertaald in het Engels. Dr. Smith besefte dat zo de boodschap van opperhoofd Seattle enorm versimpeld werd. Wellicht heeft hij later nog contact gehad met Seattle over de inhoud van de rede. Dat valt uit de annalen niet op te maken, terwijl daaruit wel blijkt dat Seattle bevriend was met dr. Maynard, een andere arts op het dorp. Behalve arts had deze Maynard nog allerlei andere beroepen. Hij was een vriend van de Indianen en had hun vertrouwen.

De eerste versie van de rede in druk werd geschreven door dr. Smith en verscheen in de editie van de *Seattle Sunday Star* van 29 oktober 1887 in een artikel getiteld 'Early Reminiscences - scraps from a diary' (Vroege herinneringen - fragmenten uit een dagboek).
Deze rede, waarmee dit boek begint, brengt opperhoofd Seattles boodschap in zeer bloemrijke bewoordingen, die eerder horen bij de achtergrond van dr. Smith dan die van Seattle. De tekst bevat nogal wat beelden van buiten het woongebied en de cultuur van toen, die

niet van Seattle zelf kunnen komen, maar door dr. Smith moeten zijn ingebracht. Toch geloven, na raadpleging van de ouderen van hun stam, leden van het Suquamish Museum dat deze versie recht doet aan Seattles zienswijze.

Eind jaren '60 stuitte William Arrowsmith, een classicus aan de Universiteit van Texas, op een passage uit de rede van opperhoofd Seattle in de versie van dr. Smith. Hij werd getroffen door de overeenkomsten tussen de woorden van opperhoofd Seattle en het werk van de Griekse dichter Pindaros. Hierdoor geïnspireerd besloot Arrowsmith de versie van dr. Smith te herschrijven in het taalgebruik dat hoorde bij de regionale stammen in de tijd van opperhoofd Seattle.
Door met de traditionele ouden van deze stammen te spreken, wist Arrowsmith een idee te krijgen van de taalstructuur die zij gebruikten. Deze Arrowsmith-versie vindt u als laatste in dit boek.

De bekendste en in onze ogen mooiste versie van Seattles rede is van de hand van Ted Perry, een hoogleraar theaterwetenschappen en toneelschrijven aan de Universiteit van Texas en een goede vriend van Arrowsmith. Zijn versie volgt direct na dit stuk. Perry had een overeenkomst met de Zuidelijke Baptisten Omroepvereniging (Southern Baptist's Radio and Television Commission), om verschillende filmscripten te schrijven, onder andere één over de vervuiling van onze planeet. In 1970 woonde Perry op de Universiteit van Texas een

betoging bij in het kader van de Dag van de Aarde. Daar hoorde hij Arrowsmith zijn versie van de rede voordragen. Met instemming van Arrowsmith gebruikte Perry de tekst als basis voor een nieuwe, fictieve rede die diende als de gesproken tekst van een film over vervuiling en ecologie met de titel 'Home'.
Buiten medeweten van Perry pasten de filmproducenten de tekst aan. Zij voegden zinsneden toe die gingen over de 'ene God' en 'ik ben een wilde en begrijp dit niet'. Eveneens buiten medeweten van Perry namen ze in de aftiteling van de film op dat het ging om een rede van opperhoofd Seattle. Perry werd in het geheel niet genoemd. In het kader van de promotie van de film stuurde de Zuidelijke Baptisten Omroepvereniging 18.000 affiches rond met hun versie van de tekst van Perry, de indruk wekkend dat het een rede van opperhoofd Seattle was. Vervolgens dook deze tekst nog op verschillende plaatsen (opnieuw) op met soms als bron 'William Arrowsmith'. De naam Perry stond er nooit bij.

Wij proberen hier de geschiedenis te achterhalen van de rede van opperhoofd Seattle en daarover te informeren zonder de inspiratie geweld aan te doen die hij zoveel mensen gegeven heeft in welke versie dan ook. Het zijn stuk voor stuk zeer mooie, aangrijpende teksten. We hopen dat de drie versies in dit boek tenminste gedeeltelijk de geest weerspiegelen van opperhoofd Seattle en zijn wens dat alle mensen in harmonie met elkaar en de aarde leven.

De nazaten van de Suquamish, de stam van opperhoofd Seattle, zijn verheugd over deze uitgave. Ze vinden het onzin dat wij blanken buiten hen om kibbelen over 'juiste' en 'foute' versies van de tekst. Laten we liever de teksten gebruiken als een inspiratiebron voor een betere wereld.
Met instemming van Ted Perry en de erfgenamen van William Arrowsmith komen de rechten op dit boek ten goede aan de Suquamish.

Hoe kun je de lucht bezitten?

IN DE WOORDEN VAN TED PERRY

Alles op deze aarde is gewijd
in de ogen van mijn volk.
Iedere dennenaald, die glanst in de zon,
elk zandstrand,
elke nevel in de donkere bossen,
elke open plek, elk zoemend insect
is heilig in het denken en doen van mijn volk.

Het sap dat in de bomen opstijgt
draagt de herinneringen van de rode man.
Een dode blanke man
vergeet het land van zijn geboorte
als hij zijn tocht naar de sterren begint.
Onze doden vergeten dit prachtige land nooit:
het is de moeder van de rode man.
Onze doden koesteren en
herinneren zich altijd de rappe rivieren,
de stille voetstappen van de komende lente,
de glinsterende rimpels van het water in de poel,
de opzichtige kleuren van de vogels.

Wij zijn een deel van de aarde
en de aarde is een deel van ons.
De geurende bloemen zijn onze zusters,
het rendier, het paard,
de grote adelaars onze broeders.
De schuimkoppen in de rivier,
het sap van de weidebloemen,
het zweet van de pony en de mens,
het is allemaal van hetzelfde geslacht.

Als dus het grote opperhoofd in Washington
laat zeggen dat hij ons land wil kopen,
vraagt hij wel veel van ons.

Zoals het opperhoofd Seattle zegt:
Het grote opperhoofd in Washington
kan vast op ons rekenen,
zoals onze blanke broeders kunnen rekenen
op de terugkeer van de seizoenen.
Mijn woorden zijn als sterren.
Zij verdwijnen niet.

Opperhoofd Washington
heeft ook woorden gesproken
van vriendschap en vrede.
Dat is zeer goed van hem.

Wij zullen uw aanbod
ons land te kopen dus overwegen.
Maar het zal niet gemakkelijk zijn.
Want dit land is ons heilig.
Wij beleven vreugde aan deze bossen
en de dansende stroompjes.
Het water dat stroomt in beken
is niet zomaar water.
Het is het bloed van onze voorouders.
Als wij het land verkopen
moet u bedenken dat het gewijde grond is
en u moet uw kinderen voor altijd leren
dat het heilig is.
En dat elke schimmige weerspiegeling
in het heldere water van het meer
spreekt van gebeurtenissen
uit het verleden van mijn volk.

Het murmelend water
is de stem van mijn vaders vader.
De rivieren zijn onze broeders:
zij lessen onze dorst.
De rivieren dragen,
tussen de onbedorven armen van de oevers
onze kano's waarheen ze willen gaan.

Als wij u ons land verkopen,
moet u bedenken
en aan uw kinderen leren,
dat de rivieren
onze broeders zijn.
En ook uw broeders
en dat u voortaan
net zo vriendelijk
moet zijn voor de rivieren
als u voor uw broeders zou zijn.

Opperhoofd Seattle zal dus
het aanbod van het
opperhoofd Washington
in overweging nemen.
We zullen beraadslagen.
De rode man heeft zich
altijd teruggetrokken
voor de oprukkende blanke,
zoals de nevel
op de berghellingen
vlucht voor de zon
in de morgen.

Maar de as van onze vaderen is heilig.
Hun graven zijn gewijde grond
en deze heuvels, deze bomen evenzeer.

Dit deel van de aarde is heilig voor ons.
De blanke man begrijpt het niet.
Voor hem is het ene stuk grond
gelijk aan het andere.
Want hij is een rusteloze zwerver,
die komt in de nacht en
van het land neemt wat hij nodig heeft.
De aarde is niet zijn broeder,
maar zijn vijand.
En als hij die veroverd heeft,
trekt hij verder.
Hij laat het graf van
zijn vader achter zich
en bekommert zich daar niet om.
Hij steelt de aarde
van zijn kinderen
en het kan hem niet schelen.

Hij vergeet het graf
van zijn vader
en het erfdeel
van zijn kinderen.
Hij behandelt zijn moeder,
de aarde,
en zijn broeder,
de lucht,
als koopwaar,
die hij kan uitbuiten
en weer verkopen
als schapen, brood
of goedkope bonte kralen.
Zijn vraatzucht zal
de rijke aarde kaal vreten
en slechts een
woestenij achterlaten.

De blanke is net een slang
die zijn eigen staart aanvreet
om in leven te blijven:
een staart die korter en korter wordt.
Onze wegen zijn anders dan de uwe.
Het wonen in uw steden bevalt ons niet.
Ze lijken op evenzovele zwarte wratten
op de huid van de aarde.
Het zien van uw steden doet pijn
aan de ogen van de rode man.
zoals het zonlicht steekt
bij wie uit een donkere grot komt.
Er is in de steden van de blanke man
geen plaats zo stil
dat je het openspringen van de knoppen
in het voorjaar kunt horen
of het gezoem van insecten.
En in de steden van de blanke
is men altijd op de loop.
Het lawaai schijnt alleen maar bestemd
om de oren pijn te doen.

En wat heeft het leven voor zin
als een man niet meer de eenzame kreet
van de lijster kan horen
of het getwist tussen de kikkers
's avonds rond de poel?

Maar ik ben een rode man en begrijp het niet.
Ik houd van de wind
die scheert over het water van de plas
en de geur van de wind zelf
gezuiverd door de middagregen.
De lucht is kostbaar voor de rode man,
want alles ademt dezelfde lucht,
de dieren, de bomen, de mensen,
alles heeft deel aan dezelfde lucht.

De blanke man let niet op de vieze lucht
die hij inademt.
Als een man, die al vele dagen pijn lijdt,
zo is hij verdoofd voor de stank.

Maar als wij u ons land verkopen,
dan moet u bedenken
dat de lucht voor ons waardevol is
en onze bomen en de dieren.
De wind, die de mens
zijn eerste ademtocht geeft,
neemt ook zijn laatste zucht
in ontvangst.

En als we u ons land verkopen,
moet u het wel afgezonderd houden,
gewijde grond
waar ook de blanke man kan komen
om de wind te proeven
met de zoete geur van weidebloemen.

Wij zullen dus uw aanbod
ons land te kopen in overweging nemen.
Als wij besluiten het aanbod aan te nemen,
wil ik hier en nu een voorwaarde stellen:
De blanke man moet de dieren van dit land
beschouwen als zijn broeders.

Ik heb gehoord van
duizend rottende bizons
in de prairie, achtergelaten
door de blanke man
die ze neerschoot
    vanuit een rijdende trein.
  Ik begrijp dit niet.
 Voor ons zijn de dieren
onze broeders,
die wij alleen maar doden
om in leven te blijven.

Als we ons land verkopen
moet de blanke
hetzelfde doen,
want de dieren
zijn onze broeders.
   Wat is de mens
     zonder de dieren?
    Zelfs de worm
      houdt de aarde zacht
        voor de mens om op te lopen.

Als alle dieren weg zijn,
zal de mens sterven
aan een gevoel
van grote eenzaamheid.

Want wat er gebeurt met de dieren,
gebeurt met de mens,
want we zijn allen één ademtocht.

We zullen uw aanbod
ons land te kopen overwegen.
Stuur geen mensen meer
om ons op de jutten.
Wij zullen hierover op onze tijd
een beslissing nemen.
Als we het accepteren,
wil ik hier en nu
deze voorwaarde stellen:
ons mag nooit het recht
ontzegd worden
om zachtjes
over de graven te lopen

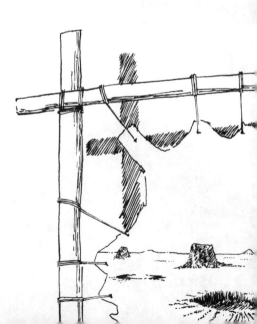

van onze vaders,
onze moeders
en onze vrienden.
Noch mag de blanke
deze graven ontheiligen.

De graven moeten
steeds open blijven
voor het zonlicht
en de vallende regen.
Dan zal het water
zachtjes vallen
op de groene scheuten
en langzaam
omlaag sijpelen
om de geopende lippen
van onze voorouders
te bevochtigen
en hun dorst te lessen.

Als we ons land aan u verkopen,
wil ik hier deze voorwaarde stellen:
U moet uw kinderen leren
dat de grond onder hun voeten
met meer liefde reageert
op onze stappen dan op de uwe,
want hij is rijk van de levens
van onze verwanten.
Leer uw kinderen
wat wij onze kinderen leerden:
dat de aarde onze moeder is.
Wat er gebeurt met de aarde,
gebeurt met de kinderen van de aarde.
Als een man op de grond spuwt,
spuwt hij op zichzelf.

Dit weten wij: de aarde
behoort niet aan de blanke,
de blanke behoort
aan de aarde.
Dit weten wij:
Alles hangt samen
als het bloed
dat een familie verbindt.
Als we de slang doden,
zullen de veldmuizen
zich vermenigvuldigen
en onze maisoogst vernietigen.

Alles hangt met alles samen.
Wat er gebeurt met de aarde,
gebeurt met de zonen
en dochters van de aarde.
De mens heeft het web
van het leven niet geweven.
Hij is slechts één draad ervan.
Wat hij met het web doet
doet hij met zichzelf.

Nee, dag en nacht kunnen niet samengaan.
Wij zullen uw aanbod overwegen.
Wat wil de blanke dan kopen,
zal mijn volk vragen.
Het is zo moeilijk te begrijpen voor ons.
Hoe kun je de lucht kopen of verkopen,
de warmte van de aarde,
de snelheid van de antiloop?
Hoe kunnen we die dingen aan u verkopen
en hoe kunt u ze kopen?
Is de aarde van u
om ermee te doen naar goeddunken,
alleen omdat de rode man een stuk papier tekent
en het geeft aan de blanke man?
Als wij zelf de prikkeling van de lucht
en het kabbelen van het water
niet kunnen bezitten,
hoe kunt u het dan van ons kopen?
Kunt u de bizons terugkopen,
als de laatste eenmaal gedood is?

Maar we zullen uw aanbod overwegen.
Op dit moment van zijn kracht gelooft de blanke
dat hij de god is die zijn moeder (de aarde),
de rivieren (zijn zuster)
en zijn rode broeders kan behandelen
zoals hem goeddunkt.
Maar de man die in staat is zijn moeder,
zijn broeders en zijn zusters
te kopen en te verkopen,
zal ook zijn kinderen verbranden
om zichzelf warm te houden.

Uw aanbod ons land te kopen,
zullen wij dus overwegen.
Dag en nacht kunnen niet samen leven.
Uw aanbod lijkt ons eerlijk
en ik denk dat mijn volk het zal aanvaarden
en naar het reservaat zal gaan
dat u voor hen hebt bestemd.
Wij zullen dan in afzondering leven,
en in vrede.

Stammen bestaan uit mensen.
Niet meer dan dat.
Mensen komen en mensen gaan.
als de golven van de zee.
Ook de blanke man zal ten onder gaan.
misschien nog eerder
dan al de andere stammen.
Bevuil uw legerstee
en op een kwade dag
zult u bezwijken aan uw eigen vuil.

Maar in uw ondergang
zult u vurig branden.
aangestoken door
de macht van de god
die u naar dit land
 heeft gebracht
   en u om een of andere
    speciale reden
     de heerschappij heeft
      gegeven over dit land.

Dat noodlottig einde
is voor ons een mysterie,
want wij begrijpen niet
wat voor leven er is
als de bizons zijn afgeslacht,
alle wilde paarden zijn getemd,
de verborgen hoeken
van het woud stinken
naar de lucht van vele mannen
en de bergweide
in de heuvels
ontsierd wordt
door sprekende draden.

Waar is het struikgewas?
Verdwenen!
Waar is de adelaar?
Verdwenen!
Wat betekent het afscheid te nemen
van de snelle pony en de jacht?
Het einde van het leven
en het begin van de ondergang.

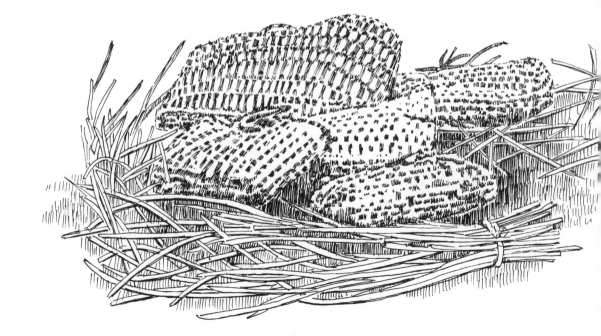

De God van de blanke
gaf hem de heerschappij
over de dieren, de bossen
en met een bijzondere bedoeling
ook over de rode man.
Maar wat daarachter zit
is een mysterie voor de rode man.
Wij zouden het misschien kunnen begrijpen
als we wisten waar de blanke man van droomt.
Van welke hoop en verwachting hij
zijn kinderen vertelt in de lange winteravonden.
Welke visioenen hij graveert in hun harten,
zodat zij verlangend uitzien
naar de dag van morgen.
De dromen van de blanke man
zijn voor ons verborgen.
En omdat ze verborgen zijn,
zullen wij onze eigen weg gaan.

Wij overwegen dus uw aanbod
om ons land te kopen.
Als wij instemmen,
zal dat zijn om
het reservaat veilig te stellen
dat u ons hebt beloofd.
Daar zullen wij misschien
onze weinige dagen nog doorbrengen
zoals wij willen.
Wij hebben weinig gemeen.

Als we ons land verkopen,
zal het vol zijn
met de dappere jonge mannen,
de liefdevolle moeders,
de slimme vrouwen
en de kleine kinderen
die er eens woonden
en er gelukkig waren.

Uw doden vertrekken
naar de sterren,
maar onze doden
keren terug naar de aarde
waarvan ze houden.

De blanke zal nooit alleen zijn,
tenzij hij, in een verre toekomst,
de bergen vernietigt,
de bomen, de rivieren en de lucht.
Als het zo ver zou komen met de aarde
en de geesten van onze doden,
die de aarde liefhebben,
er niet meer willen terugkeren
om er hun geliefden te bezoeken,
dan, in dat schelle middaglicht
dat zich in de ogen boort,
zal de blanke zijn woesternij bewandelen
in diepe eenzaamheid.

De rede van Seattle

IN DE WOORDEN VAN WILLIAM ARROWSMITH

Broeders, vele honderden jaren
heeft de hemel boven ons
getreurd over onze voorouders.
Ons lijkt de hemel onveranderlijk,
maar dat hoeft niet zo te blijven.
Vandaag is hij helder,
maar de dag van morgen
kan hij bedekt zijn met wolken.

Mijn woorden zijn als sterren.
Ze gaan nooit onder.
Het grote opperhoofd Washington
kan net zo vast rekenen
op de woorden van Seattle
als onze blanke broeders kunnen rekenen
op de terugkeer van de jaargetijden.

De zoon van het blanke opperhoofd
zegt dat zijn vader ons woorden
van vriendschap en goede wil stuurt.
Dat is vriendelijk, want we weten
dat hij onze vriendschap niet nodig heeft.

Zijn volk is immers talrijk, als het gras
dat de uitgestrekte prairies bedekt.
Mijn volk is klein van omvang,
als de bomen die door de stormen
over de graslanden verspreid staan.

Het grote - en naar ik geloof
ook goede - blanke opperhoofd
laat ons weten
dat hij ons land wil kopen.
Maar hij is bereid
ons genoeg te laten
om comfortabel van te leven.
Dit schijnt ons grootmoedig toe.
De rode man heeft immers
geen rechten meer
waar hij rekening mee
hoeft te houden.
Het zou ook wijs kunnen zijn
aangezien we geen groot land
meer nodig hebben.

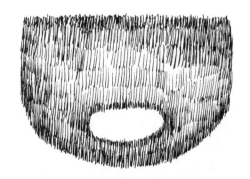

Ooit bedekte mijn volk dit land
als een vloedstroom
die door de wind wordt voortgeblazen
over het schelpenstrand.
Maar die tijd is voorbij,
en daarmee de grootheid
van nu bijna vergeten volken.

Maar ik zal het sterven
van mijn volk niet betreuren.
Noch zal ik onze blanke broeders
verwijten dit te hebben veroorzaakt.
Ook wijzelf zijn misschien
gedeeltelijk schuldig.

Wanneer onze jonge mannen
kwaad worden, over wat hen
is misdaan, terecht of niet,
maken ze hun gezichten
lelijk met zwarte verf.
Maar ook hun harten
worden dan lelijk en zwart.

Ze zijn hardvochtig en hun
wreedheid kent geen grenzen.
Onze oude mannen
kunnen hen niet in toom houden.

Laten we hopen
dat de oorlogen
tussen de rode man
en zijn blanke broeders
nooit meer terugkeren.
We hebben alles te verliezen
en niets te winnen.
Jonge mannen zien wraak
als winst, zelfs als ze
daarbij het leven laten.
Maar de oude mannen
die achterblijven
in tijden van oorlog,
en moeders die hun zonen
te verliezen hebben,
weten wel beter.

Onze grote vader Washington -
hij moet nu wel ook onze vader zijn,
aangezien George zijn grens
noordwaarts heeft verplaatst -
onze goede grote vader stuurt ons
zijn woorden via zijn zoon,
die ongetwijfeld een
groot opperhoofd onder zijn volk is.
De woorden zeggen
dat hij ons zal beschermen
als we doen wat hij van ons verlangt.
Zijn dappere soldaten zullen
een sterke muur vormen rond mijn volk,
en zijn grote oorlogsschepen
zullen onze havens vullen.
Dan zullen onze aloude vijanden
in het noorden,
de Hadias en de Tsimshians,
niet langer onze vrouwen
en oude mannen schrik aanjagen.
Dan zal hij onze vader zijn
en wij zijn kinderen.

Maar kan dit ooit werkelijkheid worden?
Jullie God heeft jullie volk lief
en haat het mijne.
Hij slaat zijn sterke arm om de blanke man
en neemt hem bij de hand.
als een vader zijn kleine jongen.
Zijn rode kinderen heeft hij in de steek gelaten.
Hij maakt jullie volk met de dag sterker.
Binnenkort zullen zij het land overspoelen.
terwijl mijn volk wegebt
als het terugtrekkende tij
dat nooit weer zal keren.
Nee. het kan niet zijn
dat de God van de blanke man
van zijn rode kinderen houdt.
anders zou hij ze wel beschermen.
Nu zijn wij weeskinderen.
Er is niemand om ons te helpen.

Hoe kunnen we dan broeders zijn?
Hoe kan jullie vader onze vader zijn,
ons doen bloeien en
grootse toekomstdromen in ons planten?
Jullie God is vooringenomen.
Hij kwam naar de blanke man.
Wij hebben hem nooit gezien,
wij hebben zelfs nooit
ook maar zijn stem gehoord.
Hij gaf de blanke man wetten,
maar had geen woorden
voor zijn rode kinderen,
wier aantallen
eens dit land vulden
als de sterren de hemel.

Nee, wij zijn twee aparte rassen,
en moeten apart blijven.
Wij hebben weinig gemeen.

Voor ons is de as
van onze vaderen heilig
en zijn hun graven heilige grond.
Maar jullie zijn zwervelingen,
jullie laten de begraafplaatsen
van jullie voorvaderen achter je
en het kan jullie niets schelen.
Jullie geloof werd geschreven
op stenen tafels door de
ijzeren vinger van een boze God,
opdat jullie het niet vergeten.
De rode man heeft dat nooit
kunnen begrijpen of onthouden.
Ons geloof bestaat uit
de gewoonten van onze voorvaderen,
de dromen van onze oude mannen,
hen door de Grote Geest gezonden,
en de visioenen van onze sachems.
Het staat geschreven
in de harten van ons volk.

Jullie doden vergeten jullie
en het land van hun geboorte.
zodra ze voorbij het graf gaan
en tussen de sterren wandelen.
Ze worden snel vergeten
 en keren nimmer weer.

       Onze doden zullen nooit
         deze prachtige aarde vergeten.
          Ze is hun moeder.
         Ze zullen zich altijd haar rivieren.
         haar grootse bergen.
          haar valleien herinneren en deze liefhebben.
         Ze verlangen naar de levenden.
          die, ook, eenzaam zijn.
          en die naar de doden verlangen.
          En hun geesten komen vaak terug
           om ons te bezoeken en op te beuren.

Dag en nacht kunnen niet samen leven.
De rode man heeft zich altijd teruggetrokken
voor de oprukkende blanke man,
zoals de nevel op de berghelling
er vandoor gaat voor de ochtendzon.

Nee, dag en nacht kunnen niet samen leven.

Jullie voorstel lijkt me dus redelijk,
en ik denk dat mijn volk het zal aannemen
en naar de reservaten zal gaan
die jullie hen aanbieden.
We zullen gescheiden leven, en in vrede.
Want de woorden van
het Grote Blanke Opperhoofd
zijn als de woorden van de natuur
die vanuit de diepe duisternis
tot mijn volk spreken.
Een duisternis die zich snel om ons heensluit,
als de nachtmist die
vanaf zee om middernacht landinwaarts trekt.

Het maakt niet zoveel uit
waar we de rest
van onze dagen doorbrengen.
Het zullen er niet veel zijn.
De nacht van de rode man zal donker zijn.
Geen heldere ster schittert aan zijn horizon.
De wind is droevig.
Het lot achtervolgt de rode man.
Waar hij ook gaat,
hij zal de naderende voetstappen
van zijn vernietiger horen.
en zich voorbereiden om te sterven.
zoals de gewonde hinde
die de tred van de jager hoort.

Nog een paar manen,
nog een paar winters,
en geen van de kinderen
van de grote volkeren
die eens op deze
weidse aarde woonde
of die nu in kleine groepen
door het bos zwerven,
zal overgebleven zijn
om te treuren over de graven
van een volk
dat eens zo machtig
en hoopvol was als dat van jullie.

Maar waarom zou ik de ondergang
van mijn volk betreuren?
Volkeren bestaan uit mannen,
niets meer.
Mannen komen en gaan,
als de golven van de zee.

Een traan, een gebed
tot de Grote Geest,
een dodenzang,
en ze zijn voor altijd verdwenen
uit onze verlangende ogen.
Zelfs de blanke man,
wiens God met hem liep
en praatte als een vriend,
kan niet worden uitgezonderd
van het gemeenschappelijke lot.
Misschien zijn
we uiteindelijk toch broeders.
We zullen zien.

We zullen jullie aanbod overwegen.
Wanneer we een besluit genomen hebben,
zullen we het jullie laten weten.
Mochten we het aannemen,
dan stel ik hier en nu deze voorwaarde:
dat ons nooit het recht ontzegd zal worden
om de graven van onze vaderen
en vrienden te bezoeken.

Elk deel van deze aarde
is heilig voor mijn volk.
Elke helling, elke vallei,
elke open plek en elk bos is geheiligd
door de herinnering en
ervaring van mijn volk.
Zelfs de stenen die stom
langs de kustlijn liggen,
zijn luid met de gebeurtenissen
en herinneringen
in het leven van mijn volk.

De grond onder jullie voeten
antwoordt liefdevoller
op onze voetstappen
dan op die van jullie,
omdat het de as is
van onze voorvaderen.
Onze blote voeten herkennen
de tedere aanraking.
De aarde is rijk
aan de levens van onze verwanten.

De jonge mannen, de moeders en
de meisjes, de kleine kinderen
die eens hier leefden
en gelukkig waren,
houden nog steeds
van deze eenzame plekken.
En bij avond
zijn de duistere bossen zwanger
van de aanwezigheid van de doden.

Als de laatste rode man
van de aardbodem is verdwenen,
en zijn nagedachtenis
nog maar een verhaal is onder de blanken,
zullen deze kusten nog wemelen
van de onzichtbare doden van mijn volk.
En mochten jullie kindskinderen denken
dat ze alleen zijn in de velden,
de bossen, de winkels, de wegen
of de stilte van de wouden -
ze zullen niet alleen zijn.

Er is geen plek in dit land
waar iemand alleen kan zijn.
Bij nacht,
wanneer de straten in jullie dorpen
en steden rustig zijn,
en jullie denken dat ze leeg zijn,
zullen ze toch bevolkt zijn
met de teruggekeerde geesten
die daar eens leefden,
en die nog steeds veel van die plek houden.
De blanke man zal nooit alleen zijn.
Laat hem dus rechtvaardig zijn
en mijn volk vriendelijk behandelen.
Ook de doden hebben macht.

Nawoord

De rede van Seattle is meer dan 140 jaar oud. Het is een van de weinige overblijfselen van de levensfilosofie van de Indianen; omdat de Indianen het schrift niet kenden, maar vooral omdat er nooit geluisterd is naar hen die 'de taal van de aarde' spraken. Voor deze taal is de westerse mens immers doof: zijn superioriteitsgevoel deed en doet hem nog steeds alle oog voor andere culturen verliezen. Alleen de ideeën en de manieren van het blanke volk zijn de juiste! Zo kan het dat minder agressieve volken bestaansrecht ontzegd wordt en dat een mensenras waarvan we nog veel kunnen leren, dreigt ten onder te gaan.
De ideeën en levenswijze van de indiaanse volken mogen niet verloren gaan en niet verworden tot slechts poëtische woorden uit lang vervlogen tijd. De Indianen moeten de kans krijgen hun cultuur te herwinnen en wij moeten laten zien dat hun zienswijze een duidelijke betekenis heeft – ook een indringende ecologische les is die de hele westerse beschaving aan de kaak stelt, ja van zijn voetstuk stoot.

Er is niet één 'blanke man'. Volken zijn niet uniform. Niet het blanke ras bedreigt de Indianen, de Aboriginals en andere inheemse volken, of het milieu. Het is de vorm van de maatschappij – de ongecontroleerde jacht naar meer geld en macht, en het verweven stelsel van overheden en industriële en financiële machten – die de motor vormt van de vernietiging. Bedrijven, kapitalen en nationale economieën moeten groeien en vervuilen op straffe van ondergang; de laagste instincten van hebzucht en bevrediging van het individu worden aangesproken om de zaak te legitimeren. De meeste mensen zijn overigens keurig in dienst van bedrijven en overheden en hebben eigenlijk weinig keus in hun handelen. Als ze al weten wat er fout is, dan voelen ze zich nog min of meer machteloos staan.

Ten tijde van Seattle waren heel veel mensen als soldaat, spoorwegaanlegger of telegraafpalenzetter in loondienst van bedrijven en overheden. Zij hadden niet de moed anders te doen dan de hen opgedragen taak uitvoeren. En zo is het nog. Opvoeding, opleiding, inkomensverwerving, economische structuren en overheidsoptreden zijn alle nauw met elkaar verweven tot een web waaruit slechts weinigen ontsnappen. Het is dat web, en niet het blanke ras, dat milieubehoud, vrede en gelijkwaardigheid in de weg staat. De geestelijke bevrijding van ons, de ruimte om onze materiële hebzucht te beteugelen, onze eigen verantwoordelijkheden te ervaren, om ons één te voelen met onze medemensen en met de natuur, moet daarom samengaan met veranderingen in de structuur van de samenleving.

Gelukkig is dit niet zo onmogelijk als veel mensen denken. Feitelijk ontstaan er al barsten in die structuur. Het is aan ons om te zorgen dat uit dit barstende ei zich een betere toekomst ontwikkelt en niet een big brother-maatschappij.

Er was vroeger op de Flevohof-tentoonstelling een spiegel. Je liep erop af en zag jezelf. Bij die spiegel hing een bordje: 'De grootste vervuiler'. De mens dus: ik, jij, wij allemaal.
Vanaf de maan gezien: juist. Door de ogen van Seattle gezien: juist. De blanke man is de vervuiler, de verwoester, de indringer. Maar niet juist voor wie onze maatschappij van binnen kent. De kleine werknemer als de grootste vervuiler aanmerken is een ergerlijke vorm van versluiering. De suggestie dat 'wij allen' evenzeer schuldig zijn, versluiert de harde tegenstellingen en de machtsongelijkheid tussen mensen die onze maatschappij veroorzaakt. Het doet geen recht aan al die mensen die tegen de stroom van alle verlokkingen en alle jachtigheid in hun best doen om zo milieuvriendelijk mogelijk te leven. En eigenlijk ook niet aan allen die door die stroom worden meegesleurd.
Gelukkig daagt bij veel mensen het besef dat het zo niet langer kan. Als dit besef er is, groeit het verlangen naar het moment dat het zo niet langer hoeft. Zovelen willen hun kinderen weer met hoop in hun harten grootbrengen. Zovelen proberen de breuklijnen tussen denken en voelen, tussen voelen en handelen, tussen het emotionele en het rationele handelen te overbruggen. Het voortouw dat de vrouwen in veel situaties hierin nemen wordt ook door steeds meer mannen op waarde geschat.

Wie de samenhang aanvoelt tussen alles wat leeft, kan tot een levenswijze komen die daarmee in overeenstemming is. Alleen deze houding kan leiden tot een menswaardiger samenleving.

Als ergens de samenleving het contact met de werkelijkheid van Seattle verloren heeft, is het in het geldstelsel. Alle grote wereldgodsdiensten waarschuwden er al voor dat een rentedragend geldsysteem de mensheid in slavernij zou voeren. Rijkdommen hopen zich door dit geld op, mensen staren zich blind op deze goudhopen en moeten gehoorzamen aan de druk van het geld. Tot op de dag van vandaag worden de inheemse volken via het geld ingelijfd in de consumptie-concurrentie-cultuur. Het geldstelsel vermaalt hen en ons in een grote exercitie die een smakeloze eenheidsworst tot gevolg heeft. Slechts de krachtigsten blijven aan deze slavernij weerstand bieden. Velen voelen dat dit niet is waartoe de schepping zou moeten leiden, maar kunnen er vanwege hun verantwoordelijkheden en banden niet uit los breken. Het ontbreekt ons hier aan de ruimte om u aan te tonen dat binnen ditzelfde geldstelsel een tegenkracht groeit, die uiteindelijk kan leiden tot vrij geld, vrij van rentedruk. Lokale geldsystemen, o.a. in de vorm van LETS, bouwen al in vele plaatsen in Nederland aan contacten tussen leden en bieden perspectief aan steeds meer mensen. Wij publiceren daarover elders.*

Naast het geldsysteem, met zijn groeidwang, is ook het belonings- en belastingsysteem debet aan de wegwerpconsumptie. Menselijke arbeid wordt immers zwaar belast. Alles bij elkaar leveren die lasten ongeveer

* Zie daarvoor onze boeken 'Voor hetzelfde geld' (1998 - ISBN 90 703347 3 9) met uitgebreide informatie en 'Het doorgeefboekje' (najaar 1998 - ISBN 90 703347 3 9) dat u in kort bestek op de hoogte brengt.

tweederde van de inkomsten van de overheid. Het opeten van de aarde en het vernietigen van haar schoonheid wordt daarentegen nauwelijks belast. Is het dan een wonder dat machines en wegwerproducten steeds meer de plaats van mensen innemen? Vernieuwing door groei is zo hetzelfde als verloedering geworden. Het milieu verarmt, maar ook de menselijke relaties verschralen.

"Moed broeders!" zegt onze Hopi. Er is goede reden om met hoop naar de toekomst te kijken. Het milieu stelt door harde economische gevolgen van de vervuiling paal en perk aan deze ontwikkeling. Vroeger of later zal de menselijke arbeid bevrijd worden van haar lasten. De economische activiteit zal verschuiven van producten naar diensten. De vrijheid van de mens om actief en creatief in de wereld zijn cultuur zelf vorm te geven zal de economische wet van het wegwerpvoordeel vervangen. Het gevolg zal een bevrijding van de mensen zijn.

We eindigen hier met een stukje uit een toespraak van Loran Thompson op een door Aktie Strohalm georganiseerd symposium. Loran is opperhoofd van de Mohawk-Indianen die wonen op de grens van Canada en de Verenigde Staten.

"Wij proberen in onze gemeenschap een eigen interne economie op te zetten. De Canadese en Amerikaanse regeringen hebben dat altijd tegengewerkt. Ze hebben altijd de dollar als een bedreiging tegen ons gebruikt... We beschouwen het rentevrij geld als zeer behulpzaam in het herbouwen en reconstrueren van onze confederatie en bij het opnieuw samen brengen van onze mensen onder één paraplu".

EEN FILOSOFIE VAN VERBONDENHEID

In het dagelijks leven is Strohalm bezig met economische analyses, met veranderingsstrategieën, met alternatieve economische systemen als Vrijgeld, JAK's en LETS. Maar deze zijn geen doel op zich. Ze zijn middelen die ons moeten helpen richting te geven aan economie en samenleving. Ze moeten ons helpen een samenleving te creëren waarin we ons verbonden weten, verbonden met de aarde, met de dieren en de planten, met onze omgeving en met elkaar. Waarin we betrokken zijn bij de tijd waarin we leven, bij de toekomstige generaties en leren van het verleden.
Zo'n verbondenheid legt ons verantwoordelijkheden op, zeker, maar tegelijk verrijkt ze ons leven en verschaft ons een sociale, culturele en natuurlijke context die het leven waard maakt om geleefd te worden.

Heel treffend werd deze verbondenheid verwoord door Margrit Kennedy op een door Strohalm georganiseerd symposium in 1989: "In de eerste jaren van ons leven zijn we allen verbonden, met onze ouders, met onze omgeving. Daarna leren we dat we zelfstandig zijn, dat we individuen zijn. Nu zullen we weer moeten leren dat we niet alleen individuen zijn, maar dat we ook verbonden zijn met alles op deze planeet. We moeten de barrières afbreken die we om ons heen hebben leren trekken.

De scherpste scheidslijn trekken we tussen onszelf en de natuur. We beschouwen deze als twee verschillende grootheden en we realiseren ons niet hoezeer ze met elkaar verbonden zijn. Tot we op de moeilijkheden stuiten die we voor onszelf geschapen hebben. Dan merken we, hoe nauw we verbonden zijn met onze omgeving. De vervuilde lucht die we inademen en het vervuilde water dat we drinken, laten ons weten dat we verbonden zijn met de natuur. Er is niets dat we met de aarde kunnen doen, dat niet op één of andere manier op onszelf terugslaat."

De moderne samenleving is van dit ideaal ver verwijderd geraakt. In het gangbare westerse denken staat de mens boven de natuur en kan hij die naar eigen goeddunken exploiteren. We moeten weer leren dat we als mens deel uitmaken van onze natuurlijke, en evenzeer van onze sociale en culturele omgeving. Dat we daarvan afhankelijk zijn, niet alleen voor ons materiële voortbestaan maar ook voor de kwaliteit van ons leven, voor onze psychologische, sociale en culturele ontwikkeling, voor ons welbevinden. We moeten leren dat we één mensheid zijn, verenigd in een gemeenschappelijk lot. Dat we allemaal lotgenoten zijn die samen de aarde delen. En dat de natuur een bron kan zijn van welzijn en van inspiratie, zoals onze sociale omgeving een bron kan zijn van gemeenschappelijkheid en solidariteit. Zij vormen de voedingsbodem waarin we als individu tot bloei kunnen komen.

Van de blanke man is het ene stuk grond gelijk aan het andere.
Hij is een vreemde die in de nacht komt en van het land neemt wat hij nodig heeft.
De aarde is niet zijn broeder maar zijn vijand en als hij die veroverd heeft trekt hij verder.
Hij behandelt zijn moeder de aarde en zijn broeder de lucht als koopwaar.
die hij kan uitbuiten en weer verkopen als goedkope bonte kralen.
Dit weten wij: de aarde behoort niet aan de mens de mens behoort aan de aarde.
Alles hangt met alles samen.
Wat er gebeurt met de aarde gebeurt met de kinderen van de aarde

Van een afbeelding uit dit boekje is een affiche gemaakt; van de tekst en illustraties zijn ook zes prachtige kaarten met bijbehorende enveloppen gemaakt.
Het affiche kost inclusief verzendkosten ƒ 12,50, de set kaarten ƒ 13,00.
U bestelt ze door het bedrag over te maken op postgiro 2047417 t.n.v. Stichting 'De Brandnetel' Winschoten. Vermeldt daarbij 'Seattle-kaarten' of 'Seattle affiche'.
U steunt hiermee het werk van Aktie Strohalm.

In Nederland steunt de *Nederlandse Aktiegroep Noord Amerikaanse Indianen* (NANAI) de indianen in de VS en Canada die proberen de oude waarden te hervinden. Zij doen dit door praktische hulp te geven en door mensen in Nederland te informeren. NANAI heeft vele uitstekende contacten met Noord Amerikaanse Indianen en geeft ook een interessant nederlandstalig blad uit: 'De NANAI NOTES'.
Het landelijk contactadres van NANAI is: Kamgras 23,
3068 CB Rotterdam (010-4209844).

Het *Nederlands Centrum voor Inheemse Volken* houdt zich bezig met informatie over de inheemse volken op aarde, aan wie het onmogelijk wordt gemaakt volgens eigen ideeën te leven, waaronder de Noord Amerikaanse Indianen. Het NCIV geeft het blad 'INDIGO' uit.
Het adres van het NCIV is: postbus 94098, 1090 GB Amsterdam (020-6938625).

In België is de KWIA, steungroep voor inheemse volken, actief. Daarbinnen vormt de BANAI de werkgroep Noord Amerika.
Het adres is: Lange Lozanastraat 14, 2018 Antwerpen (03-2375630).